150 idées pour emmerder son patron

Laurent Gaulet

W0345035

FIRST Editions

ISBN : 978-2-7540-7380-6
Dépôt légal : septembre 2015
Imprimé en Italie

Illustration de couverture : © Gabs
Couverture et intérieur : Olivier Frenot
Production : Emmanuelle Clément
Correction : Thierry Fraysse

Éditions First, un département d'Édi8
12, avenue d'Italie
75013 Paris – France
Tél. : 01 44 16 09 00
Fax : 01 44 16 09 01
E-mail : firstinfo@efirst.com

Site internet : www.editionsfirst.fr

Introduction

Pourquoi votre patron serait-il le seul
à avoir le droit d'emmerder les autres ?
Voici 150 idées pour lui pourrir l'existence.
Bien entendu, vous pourrez dire adieu
à votre augmentation, à votre promotion,
et peut-être même que votre carrière
(d'emmerdeur) sera vite écourtée mais...
vous gagnerez quelque chose d'inestimable :
l'admiration et le respect de tous
vos collègues !
Alors retroussez-vous les manches
et... « au travail » !

Avant de partir travailler,
envoyez un SMS
à votre patron :
« Je vais certainement
arriver en retard,
mon vernis à ongles
n'est pas encore sec ! »

Faites des enfants et cumulez
les congés maternité ! Votre patron
va adorer... En additionnant le congé
pré- et postnatal, vous avez droit
à 16 semaines de congés maternité.
Au bout du troisième enfant, c'est
26 semaines. Vous attendez
des jumeaux ? 34 semaines !
Des triplés ? 46 semaines !
Allez, au travail !

Soyez sympa avec votre patron : apportez-lui tous les jours un café... froid.

Dérangez votre patron
pour lui demander :
« Je peux vous envoyer
une invitation à jouer
à Candy Crush Saga ?
Il me manque un ami
pour m'aider à débloquer
le prochain niveau… »

Encore convoqué dans
le bureau du boss ?
Sortez votre arme secrète :
une gousse d'ail ! Croquez-la
à pleines dents avant d'aller
parler à votre patron.
Cela devrait raccourcir
votre entretien et lui passer
l'envie de vous revoir !

Votre patron vous téléphone… Dites-lui que vous êtes occupé et priez-le de bien vouloir rappeler plus tard !

Rapprochez-vous de votre
syndicat professionnel
et demandez à faire évaluer
la pénibilité de votre travail...

Téléphonez à votre patron en vous faisant passer pour un client qui ne pourra pas honorer sa facture !

L'excuse pour être arrivé
en retard qui va rendre votre
patron fou de rage :
« Le GPS m'a demandé
de faire demi-tour,
il m'a ramené chez moi ! »

Tous les jours, serrez
la main de votre patron
avec une main mouillée
ou bien poisseuse !

Chaque fois que
vous quittez le bureau
de votre patron,
éteignez-lui la lumière !

Lorsque votre patron
se rend aux toilettes,
emboîtez-lui le pas, puis
plantez-vous derrière la porte
pour continuer à lui parler
pendant qu'il est occupé...

La voiture de votre patron
est toujours reluisante ?
Versez sur son capot
de la boue que vous
aurez transportée
dans une bouteille !

Chaque fois que vous
croisez votre patron
dans un couloir, restez
devant lui et contraignez-le
à faire un écart pour passer.

Téléphonez à votre patron pour
le prévenir que vous serez en retard
et dites-lui : « Il y a un kangourou
dans ma cage d'escalier ! Il est
agressif, personne ne peut passer !
J'ai appelé les pompiers
pour qu'ils interviennent, je vous
tiendrai au courant de l'évolution
de la situation. »

Votre patron est parti en vacances ? Téléphonez-lui en vous faisant passer pour un inspecteur de police. Annoncez-lui que la société a été cambriolée et demandez-lui de rentrer au plus tôt afin de faire l'inventaire de ce qui a été volé, déposer plainte, contacter son assureur, faire changer la porte fracturée...

Vous venez de recevoir
un mail de votre patron
qui comporte une faute
d'orthographe ?
Répondez-y en prenant soin
de la corriger en rouge.

Tout en regardant la photo
de sa femme posée
sur le bureau de votre
patron, dites à ce dernier
que vous trouvez cela très
touchant... d'avoir encadré
une photo de sa mère !

Sortez le doigt
de votre nez
juste avant
de serrer la main
à votre boss...

Téléphonez à votre patron pour le prévenir que vous serez en retard et dites-lui : « Il pleut. Et quand il pleut, ça me fait friser ! J'arrive dès que l'averse aura cessé. »

Sur un forum ou un site
de rencontres gratuit, passez
une petite annonce avec
la photo d'une sublime
créature qui cherche
une rencontre d'un soir.
Communiquez bien entendu
le numéro de téléphone
de votre patron…

Racontez à votre patron qu'Élise Lucet, dans le cadre de son émission « Cash Investigation », vous a contacté et souhaite vous interviewer. Voilà qui devrait fortement inquiéter votre patron...

Alors que votre boss
s'est absenté de son bureau,
profitez de son ordinateur
resté allumé pour utiliser
sa boîte mail et envoyer
une invitation à déjeuner
à tous les collègues !

Cachez une moule
dans le fond d'un de ses
tiroirs... Puanteur d'origine
inconnue assurée !

Envoyez à votre patron un
faux courrier
de la maison-mère
le convoquant à un entretien
préalable de licenciement !

L'excuse pour être arrivé
en retard qui va rendre
votre patron fou de rage :
« Si je pars après vous
et que je dois en plus arriver
avant vous, à quel moment
vais-je pouvoir m'occuper
de votre femme ? »

Votre patron a laissé
son smartphone traîner ?
Emparez-vous-en et changez
la langue de son mobile
par du bulgare, du turc
ou bien du japonais !

N'hésitez pas à donner
des conseils à votre patron
sur la gestion de la société,
le management du personnel...

Agrandissez la photo
de votre patron et faites-en
la cible d'un jeu de fléchettes
que vous installerez dans
la salle de repos !

L'excuse pour ne pas être
venu travailler qui va rendre
votre patron fou de rage :
« Je suis venu, mais j'étais tellement
en avance que j'ai préféré rentrer
chez moi. Mais quand je suis arrivé
chez moi, j'aurais été tellement
en retard que ce n'était plus la peine
que je reparte travailler... »

Votre patron s'est absenté en laissant
sa veste sur le dossier de sa chaise...
Mal lui en a pris ! Sur un bout
de papier, griffonnez un mot doux
signé d'un prénom féminin.
Glissez ensuite le papier dans
une poche de sa veste, et les jours
qui suivent, vous saurez à sa tête
si sa femme fait ses poches !

Versez un peu d'huile
sur le siège de votre patron
qui se promènera ensuite
avec une belle auréole
aux fesses.

Lorsque votre boss
vous raconte une histoire
personnelle, bâillez d'ennui...

Vous pratiquez un sport,
le tennis par exemple ?
Invitez votre patron à
disputer une partie, faites-lui
croire que vous ne savez pas
jouer et... humiliez-le !

Votre patron est chauve ?
Racontez-lui tous les jours
une histoire drôle
qui concerne un chauve.
Il est gros ? Des blagues
sur les gros. Sa femme est
blonde ? Sur les blondes...

L'excuse pour ne pas
travailler qui va rendre
votre patron fou de rage :
« J'ai la phobie des souris.
Je ne peux même
plus toucher à celle
de mon ordinateur ! »

L'hiver, quand votre patron part déjeuner, ouvrez grand la fenêtre de son bureau !

« Un environnement physique agressif »
est l'un des critères retenus
pour considérer la pénibilité
de votre travail.
Demandez à votre patron
si le fait d'être entouré de têtes de cons
peut être considéré comme
« un environnement physique agressif ».

Clouez une poupée vaudou
à l'effigie de votre patron
sur la porte de son bureau !

L'heure, c'est l'heure !
Ne faites jamais une minute de travail en plus. Pour cela, munissez-vous d'un gros minuteur et faites-le sonner lorsque votre temps de travail est écoulé !
Et faites-le aussi retentir pour vos collègues...

Maintenez la porte ouverte
à votre patron qui est encore
loin pour qu'il presse le pas...
et relâchez-la juste avant
qu'il ne passe !

Votre patron est du genre stressé ? Frappez fort avant d'entrer dans son bureau et claquez systématiquement la porte lorsque vous en sortez.

Téléphonez à votre patron
en vous faisant passer
pour un client qui ne souhaite
traiter qu'avec vous !

Photographiez la voiture
de votre patron
et mettez-la en vente
sur le site du boncoin.fr
à un prix dérisoire. Laissez
son numéro de téléphone
dans l'annonce pour qu'il
soit submergé d'appels.

Votre patron vous téléphone...
Appuyez sur une touche
du combiné pour lui péter
les tympans.

L'excuse pour ne pas venir
travailler qui va rendre
votre patron fou de rage :
« Je ne peux pas venir travailler
sans avoir bu un café ! Je n'ai plus
de dosettes, mais rassurez-vous,
Nespresso livre sous 48 heures.
What else ! »

Votre patron vous tient
la porte ? Passez devant
lui sans le remercier
ni même le regarder.

Mettez votre boss en copie
de tous vos mails.
Il constatera que vous
travaillez et vous lui
pourrirez sa boîte !

Lorsque votre patron s'adresse à vous, tournez légèrement la tête pour feindre de ne pas vouloir sentir sa mauvaise haleine...

Votre patron prend la parole
en réunion, c'est pour vous le moment
de simuler un éternuement.
Mais lorsque vous éternuez,
c'est une bonne vingtaine de fois !
Rien ne peut vous arrêter, c'est
comme ça, vous n'y pouvez rien...

Empruntez un stylo
à votre patron.
Grattez-vous le fond
de l'oreille avec
et rendez-le-lui !

L'excuse pour arriver en retard qui va rendre votre patron fou de rage : « J'étais mal réveillé, je n'ai pas pensé à retirer la petite cuillère de ma tasse de café avant de boire et… je me la suis mise dans l'œil ! Je suis aux urgences, il y a dix personnes devant moi. »

Votre patron vous téléphone...
Faites-le répéter, feignez
de ne rien entendre, puis
raccrochez-lui au nez !

Votre patron a souhaité vous convier à déjeuner... Vous qui aimez tant profiter de votre pause de midi, vous allez encore devoir parler boulot ! Asseyez-vous en face de lui et postillonnez-lui dessus tout le repas !

Le 1er avril, les blagues les plus pourries sont autorisées : glissez un poisson pas frais dans une poche de la veste de votre boss !

Annoncez à votre patron
que vous êtes enceinte
afin qu'il envisage votre
remplacement. Plus tard,
vous lui annoncerez
que vous ne l'êtes plus,
sans donner d'explications.
Renouvelez l'opération
tous les trois mois !

Arrivez tous les jours en retard. Et lorsque votre boss vous en fera le reproche, répondez-lui : « Si je ne suis jamais à l'heure, c'est parce que j'ai constaté que ceux qui arrivent en retard sont toujours de meilleure humeur que ceux qui les attendent ! »

Téléphonez à votre patron
en vous faisant passer
pour un nouveau client.
Faites-lui miroiter une très
grosse commande,
il sera de bonne humeur
toute la journée !

Pour être certain que
votre patron vous comprenne
bien lorsque vous vous
adressez à lui, répétez,
articulez exagérément
ou bien épelez-lui
les mots importants.

Votre patron fait une petite réunion.
Pendant tout le temps de sa prise
de parole, faites claquer vos ongles,
tapotez un stylo sur la table,
reniflez, raclez-vous la gorge,
toussez à intervalles réguliers...
Et si cela ne suffit pas à l'agacer,
mouchez-vous !

Votre patron vous téléphone...
Amusez-vous à répéter
toutes ses fins de phrases !

Avec un petit air dégoûté
mal dissimulé, essuyez-vous
la main après que votre
patron vous l'a serrée !

L'excuse pour ne pas être venu travailler qui va rendre votre patron fou de rage : « J'étais tellement en retard que si j'étais venu, vous m'auriez trop attendu ! »

Juste avant une importante
réunion avec des clients,
renversez votre café sur
la chemise de votre patron !

Vous couvez la grippe
ou bien une gastro ?
C'est le moment d'offrir
un café à votre patron
en ayant préalablement
léché tout le contour
de son gobelet !

Cachez dans le faux plafond
du bureau de votre boss ou scotchez
sous son fauteuil une carte musicale
qui jouera « Joyeux anniversaire »
pendant des heures, sans qu'il
parvienne à trouver d'où cela
provient ! Poussez le vice à dire
que vous n'entendez rien,
que ce doit être dans sa tête...

Faites plaisir à votre patron : offrez-lui des petits gâteaux que vous aurez vous-même réalisés ! Bien entendu, faites en sorte qu'ils soient immangeables et insistez pour qu'il en déguste un en votre présence. Vous fera-t-il des compliments ?

L'excuse pour être arrivé en retard qui va rendre votre patron fou de rage :
« Ce matin, ils diffusaient un épisode spécial et totalement inédit de "Amour, gloire et beauté". Je ne peux pas enregistrer et je ne pouvais pas louper ça ! »

Le boss vous convoque dans son bureau. Toussez sans cesse sans mettre la main devant votre bouche. Non seulement il devrait abréger votre entrevue, mais vous avez une bonne excuse pour prétendre être malade et ne pas venir le lendemain.

Téléphonez à votre patron en vous faisant passer pour un fournisseur qui ne pourra pas livrer dans les temps.

Vous empruntez l'ascenseur
avec votre patron...
Demandez-lui son poids
sous prétexte de vous
inquiéter du risque
de surcharge !

La déco du bureau
de votre boss laisse
à désirer… Tapissez ses murs
en y scotchant toutes
les feuilles de ses dossiers !

Expliquez à votre patron pourquoi vous n'êtes pas venu travailler ce matin : « Ce n'est pas la peine que je vienne le matin, c'est l'après-midi que je dors ! »

Votre patron est du genre nerveux
et pressé ? Voici un truc qui devrait
lui faire gagner du temps… ou pas.
Au choix : réglez la vitesse
de la souris de son ordinateur
au maximum, elle sera incontrôlable ;
ou bien optez pour la vitesse
minimale qui devrait le rendre
complètement fou !

Un herpès ?
C'est le moment de claquer
la bise à votre boss !

Demandez
une augmentation !
Voilà qui devrait mettre
votre patron de bonne
humeur, et puis
on ne sait jamais...

Venez travailler
avec les deux bras dans
le plâtre ou en écharpe !

Lorsque votre patron
s'absente, servez-vous
de son bureau comme
d'un local fumeur !

Remplacez la page d'accueil
du navigateur Internet
de votre patron par celle
d'un site coquin...

Expliquez à votre patron
pourquoi vous n'êtes pas
venu travailler la veille :
« En me levant, j'ai fait
tomber ma collection
de fèves. J'ai commencé
à les trier et je n'ai pas vu
la journée passer… »

Amusez-vous à frapper
à la porte du bureau
de votre patron lorsqu'il
a une importante réunion
et enfuyez-vous en courant
rejoindre votre bureau !

Achetez des bonbons
pimentés chez un vendeur
de farces et attrapes
et déposez-en quelques-uns
dans une petite coupelle,
sur le bureau
de votre patron...

Le meilleur moyen d'emmerder votre patron est sans doute de connaître sur le bout des doigts les lois qui régissent le travail et de les lui rappeler chaque fois qu'elles sont en votre faveur.

Invitez votre patron
à déjeuner ! Fixez ensemble
la date, l'heure, convenez
du restaurant où vous vous
retrouverez et... posez-lui
un lapin ! Vous feindrez
de l'avoir oublié.

L'excuse pour ne pas venir travailler qui va rendre votre patron fou de rage :
« Je reste chez moi aujourd'hui. Hier, je n'ai pas pu fêter le 1er Mai, ça tombait un dimanche ! »

Besoin de souffler ?
Prenez une année sabbatique !
Après six ans de carrière et trois
d'ancienneté dans votre société,
il vous suffit de prévenir votre patron
par lettre recommandée et seulement
trois mois à l'avance. Certes,
vous ne serez pas payé, mais vous
ne verrez plus sa tronche !
De plus, vous pouvez renouveler
l'expérience tous les six ans...

Profitez de l'absence de votre patron pour modifier la signature automatique de ses mails en faisant précéder son nom d'une formule telle que « Gros bisous » ou bien « Plein de poutous-poutous ».

Dans un couloir, votre patron
arrive en face de vous...
Faites un petit jeu : tentez
de passer tantôt à gauche,
tantôt à droite
pour l'obliger à s'arrêter.

Amusez-vous à toujours faire répéter deux fois votre patron en disant : « Hein ? »

Demandez naïvement
à votre patron :
« Vous n'auriez pas
un peu grossi ? »

Téléphonez à votre patron pour le prévenir que vous ne viendrez pas aujourd'hui : « J'ai utilisé la tondeuse pour me raser et j'ai voulu en profiter pour m'éclaircir un peu les dessous de bras. La tondeuse s'est prise dans les poils ! Je ne vais quand même pas venir avec la tondeuse pendue sous le bras ? »

Piquez les roulettes
du fauteuil de votre boss !

Déposez sur le capot
de la voiture du boss
des graines pour les pigeons,
les oiseaux... Sa voiture
sera rapidement
recouverte de fientes !

Répondez à votre patron
en imitant l'accent belge.

Dites que vous avez vu
des rats courir
dans l'entreprise pour
contraindre votre patron
à faire venir une entreprise
d'extermination.

L'excuse pour ne pas venir qui va rendre votre patron fou de rage : « Il fait trop chaud, j'ai les pieds qui ont gonflé. Je n'arrive pas à enfiler mes chaussures ! »

Votre patron vous téléphone ? Toussez, reniflez, éternuez dans le combiné !

N'oubliez pas qu'un médecin complaisant, c'est des vacances à plein temps...

Téléphonez à votre patron en vous faisant passer pour l'URSSAF et prévenez-le qu'il va prochainement recevoir un rappel de cotisations pour un montant exorbitant !

Dites à votre boss que vous
avez été victime d'un vol
à l'arraché, que l'on vous
a piqué le téléphone portable
que la société vous confiait
(et arrondissez votre fin
de mois sur le boncoin.fr).

Téléphonez à votre patron pour
le prévenir que vous ne viendrez pas
aujourd'hui et dites-lui :
« C'est l'ouverture des soldes,
je ne peux pas louper ça !
Ce n'est pas avec ce que je gagne
que je peux m'habiller correctement
hors période de soldes ! »

Dans le bureau de votre
patron, remplacez les
numéros des raccourcis
d'appels de son poste
de téléphone par ceux
de sex-shops...

Mettez des paillettes
sur les épaules de la veste
de votre boss !

Déposez un préavis de grève ! Les raisons ne manquent pas : distributeur de café en panne, chaises pas assez rembourrées, ordinateurs obsolètes, un téléphone mobile et une voiture de fonction pour tout le monde...

Servez-vous de l'adresse mail de votre patron pour l'inscrire à tous les clubs de rencontres ! Sans oublier les clubs gays et échangistes, cela va de soi...

Alors que votre patron
n'a pas encore
la cinquantaine, dites-lui :
« Moi aussi, si j'en ai
la possibilité, je ferai comme
vous : lorsque j'aurai l'âge
de la retraite, je continuerai
à travailler ! »

L'excuse pour ne pas travailler qui va rendre votre patron fou de rage : « Je suis allergique à la poussière et le ménage de mon poste de travail n'a pas été fait correctement ! »

Votre patron quitte son bureau
un instant et laisse à l'écran
de l'ordinateur un document
ou un courrier qu'il s'apprête
à imprimer et à envoyer.
Insérez dans le texte des fautes
d'orthographe un peu partout !

Lorsque votre patron
ne veut surtout pas être
dérangé, dites à un collègue
que le boss demande
à le voir immédiatement...

Contactez l'inspection du travail (elle est tenue à la confidentialité quant à l'origine de ses sources) pour dire que votre patron fait travailler des personnes au noir...

Utilisez la boîte mail de votre patron pour convoquer à un rendez-vous confidentiel chacun des employés. Ceux-ci vont pendant plusieurs jours défiler dans son bureau pour « le rendez-vous ».

Téléphonez à votre patron pour le prévenir que vous ne viendrez pas aujourd'hui et dites-lui : « J'ai un méga bouton sur le nez, super beurk ! Je ne peux pas venir, c'est trop la honte ! »

Lorsque votre patron
est en vacances, n'hésitez
pas, avec la complicité
de vos collègues, à le joindre
pour un oui ou pour un non.
Pourrissez-lui ses vacances !

Il n'y a pas encore
de syndicat dans votre
société ? C'est le moment
d'en créer un et de
vous unir pour faire
valoir vos droits !

Devenez son ami
sur Facebook, commentez
tous ces posts, mêlez-vous
de sa vie privée !

Émiettez des chips
sur le fauteuil et le clavier
d'ordinateur de votre boss...

Empruntez un stylo à votre
patron, mordillez-le
et rendez-le-lui avec encore
un peu de salive dessus.

Téléphonez à votre patron pour le prévenir que vous serez en retard et dites-lui : « Je suis dans un embouteillage, derrière les camions d'un cirque. La circulation est bloquée : la girafe ne passe pas sous le pont ! »

Insistez pour que votre patron vienne un jour courir avec vous. Lorsque vous l'aurez épuisé, qu'il sera rouge écarlate et crachera ses poumons, prenez le en photo ou en vidéo et faites-la circuler dans la société !

Reconfigurez l'écriture
du clavier AZERTY de votre
patron en choisissant
un autre clavier (QWERTY)
et la langue de votre choix !

Et si aujourd'hui
c'était vous le patron ?
Garez-vous sur
sa place de parking !

Prenez un congé parental ! Si vous avez au moins un an d'ancienneté, vous pouvez prendre un an pour élever votre enfant et même renouveler deux fois ce congé ! Soit au total trois ans pendant lesquels vous ne verrez plus votre patron et à l'issue desquels vous êtes assuré de retrouver votre emploi !

Votre patron vous reproche d'être encore en retard ? Répondez-lui : « Mieux vaut être en retard dans ce monde qu'en avance dans l'autre... »

Relisez bien votre contrat de travail et refusez systématiquement toutes les tâches qui n'entrent pas dans vos fonctions.

Glissez un bout
de camembert dans
le radiateur du bureau
de votre patron, voilà qui
devrait fortement parfumer
son espace de travail !

Profitez de l'absence
de votre patron pour écraser
votre vieux chewing-gum sur
le clavier de son ordinateur.

Téléphonez à votre patron en vous faisant passer pour un agent de l'inspection du travail. Dites-lui que vous allez demander la fermeture de la société, car elle ne respecte pas certaines normes de sécurité ou d'hygiène.

Demandez à votre patron
une avance sur salaire afin
de pouvoir payer l'essence ou bien
la carte de transport qui vous permet
de venir travailler. En cas de refus,
dites que vous ne pourrez bientôt
plus garantir votre présence...

Ne conviez jamais
votre patron aux pots
d'anniversaire
et de naissance, mais
n'oubliez jamais de lui
demander de mettre la main
à la poche pour le cadeau !

L'excuse pour être arrivé en retard qui va rendre votre patron fou de rage : « J'ai voulu passer l'aspirateur avant de venir et… j'ai aspiré le hamster de ma fille ! Le temps de le sortir, de tenter de le réanimer… Bref, il est mort ! D'ailleurs, si vous pouvez m'autoriser à partir plus tôt ce soir, j'ai des obsèques à organiser… »

Pensez à vous plaindre auprès de votre médecin du travail des conditions dans lesquelles vous travaillez. Bureau trop petit, postures douloureuses, absence d'hygiène, insécurité, etc.

Votre boss vous demande
de bien vouloir aller lui chercher
un café à la machine ? Rendez-lui
ce service et rapportez-lui un café
avec six sucres dedans ou bien,
prétextant qu'il n'y avait plus
de café, un potage à la tomate !

Votre boss s'est absenté en laissant sa veste sur le dossier de son fauteuil. Profitez-en pour asperger sa veste de parfum féminin et déposez un peu de rouge à lèvres sur son col !

Collez un autocollant
« J'aime la CGT » sur la
voiture de votre patron !

Téléphonez à votre patron
pour le prévenir que vous ne viendrez
pas aujourd'hui et dites-lui :
« Mon réveil n'a pas sonné, je ne vais
pas venir aujourd'hui. Avant l'heure
c'est pas l'heure, et après l'heure
c'est plus l'heure ! »

Si vous en avez le courage, arrivez toujours avant votre patron et partez toujours après lui. Il devrait finir par se sentir gêné et obligé de se plier à vos horaires !

Vous n'en pouvez plus, vous mourez
d'envie d'insulter votre patron...
Une injure devant témoin et c'est le
licenciement assuré. Par contre,
un « Vous me faites chier ! »
n'est pas considéré par la justice
comme étant une insulte. Alors,
la prochaine fois que vous vous
retrouvez seul face à lui...

Lorsque votre patron
converse avec une personne
que vous ne connaissez
pas, demandez-lui :
« C'est qui ? »

Profitez d'une absence
de votre patron pour
enrubanner tout son bureau
avec du Scotch et du papier
toilettes ! Son ordinateur,
chaque objet, chaque crayon,
son siège, son bureau,
recouvrez tout de papier
toilettes et de Scotch !

L'excuse pour ne pas venir travailler qui va rendre votre patron fou de rage : « Ce week-end, j'ai commencé à jouer au Monopoly avec ma femme, nous n'avons pas encore terminé la partie ! »

En saisissant « être rappelé » dans Google, vous trouverez des milliers de sites sur lesquels vous pourrez laisser le numéro de téléphone de votre patron, qui sera submergé d'appels commerciaux plus improbables les uns que les autres !

S'il y a une chose que
vous partagez avec votre patron,
c'est bien votre amour du ballon
rond. Malheureusement, il soutient
l'OM et vous le PSG...
Collez un autocollant du PSG
sur la porte de son bureau !

Déposez une fausse offre d'emploi sur un site Internet de petites annonces : « URGENT. Recrutons Agents d'entretien - 3 500 euros/mois + primes sur 14 mois. Contactez le : Numéro du patron. »

Votre boss ferme toujours son bureau
à clefs, impossible d'y pénétrer
pour y faire une mauvaise blague...
Qu'à cela ne tienne, versez
de la Super Glue dans la serrure
de sa porte !

Votre patron vous semble
magouiller ? Ses déclarations
de TVA sont suspectes ?
Dénoncez sa fraude fiscale sur le site
www.fraude-fiscale.fr !

Passez la souris
de l'ordinateur de votre
patron en mode gaucher,
les clics gauche et droite
seront inversés !

Mettez un bout de Scotch
sous le rayon optique
ou infrarouge de la souris
d'ordinateur de votre patron...

Si votre patron s'adresse
à vous en commettant
une faute de français,
n'hésitez pas à l'interrompre
pour la corriger !

Présentez-vous
au travail avec une
plus grosse voiture
que votre boss
et moquez-vous
de la sienne.

Votre patron vous vouvoie ?
Amusez-vous à le tutoyer !

Votre patron se rend à la cantine ?
Ceci est votre territoire, pas le sien.
Si on ne peut même plus se sentir
tranquille pendant la pause déjeuner…
Passez à côté de votre patron
et éternuez sur son plateau-repas !
Voilà qui devrait le dissuader
de revenir manger
avec le petit personnel.

Offrez à votre patron
un petit café… avec un peu
de laxatif dedans !

Chaque fois que
votre patron s'apprête
à s'absenter, demandez-lui :
« Vous allez où ? »

Contactez l'auteur
et retrouvez
tous ses livres sur
www.gaulet-livres.com